Inhaltsverzeichnis

Liebe Leserinnen, liebe Leser!

Natürlich leben, sich mit schönen Dingen umgeben, den Feierabend zuhause in behaglicher Atmosphäre genießen, dies alles verkörpert der Landhausstil im besonderen Maße. Kleine Wohnaccessoires im Country-Style versprühen mit ihren üppigen, farbenfrohen Motiven ländlichen Charme und schaffen ein stilvolles Ambiente zum Wohlfühlen.
Machen Sie es sich zuhause gemütlich und lassen Sie sich von der Vielfalt der Natur und der Idylle ländlichen Lebens zu neuen Deko- und Bastelideen inspirieren. Nützliches und Dekoratives aus naturbelassenen Materialien wie Holz, Korb, Stoff oder Ton erhält durch die kunstvolle Gestaltung mit der Servietten-Technik eine ganz individuelle Note. Alle Bastelanregungen und Gestaltungsideen in diesem Buch sind mit anschaulichen Fotos und detaillierten Anleitungen versehen, so dass Ihnen das Nacharbeiten sicher mühelos gelingt. Eine Einführung zu den verschiedenen Anwendungsmöglichkeiten der Servietten-Technik finden Sie auf den ersten Seiten des Buches.

Viel Freude beim Basteln wünscht Ihnen

Ihre Redaktion

Servietten-Technik Grundkurs

Material:

- *Papierservietten mit gewünschtem Motiv (z. B. von Ihr)*
- *Marabu-Aqua-Mattlack*
- *Marabu-Decormatt Bastelfarbe*
- *Bastelobjekte, z. B. Töpfe*
- *Stift*
- *Gummierter Synthetikpinsel*
- *Schere*

So wird es gemacht:

1. Aus den Bastelfarben Blau und Weiß den gewünschten Blauton anmischen und den Topf damit grundieren. Die Farbe gut trocknen lassen. Wenn die Farbe beim ersten Anstrich nicht deckt, den Vorgang noch einmal wiederholen.

2. Das Serviettenmotiv mit einer kleinen Schere möglichst exakt ausschneiden. Die oberste, bedruckte Lage der Serviette vorsichtig ablösen.

3. Das Serviettenmotiv auf den Topf auflegen und die Umrisse mit einem Stift nachzeichnen.
Das Serviettenmotiv wieder abnehmen und die markierte Fläche mit weißer Bastelfarbe ausmalen (nur bei dunkler Untergrundfarbe notwendig). Die Farbe gut trocknen lassen.

4. Das Serviettenmotiv vorsichtig auf die getrocknete Grundierung legen und mit Aqua-Mattlack von der Mitte zum Rand hin einstreichen. Das Motiv gut trocknen lassen.

Tipps: • Nicht zu oft über das frisch aufgelegte Motiv streichen, da es sonst reißen kann.
• Nach Wunsch den Topf anschließend noch einmal von außen und innen lackieren, dann ist er wasserdicht und das Motiv bleibt vor Feuchtigkeit geschützt.
• Bei großflächigen Motiven die Serviette von unten nach oben auf das gewünschte Objekt aufbringen. Hierzu den Aqua-Lack auftragen und die Serviette, beginnend mit dem unteren Rand, schrittweise wie auf dem Foto auf den leicht angetrockneten, aber noch feuchten Lack aufziehen.

Servietten-Technik & lufttrocknende Modelliermasse

Material:

- *Papierservietten mit gewünschtem Motiv (z. B. von Ihr)*
- *Marabu-Aqua-Mattlack*
- *Marabu-Decormatt Bastelfarbe*
- *Lufttrocknende Modelliermasse*
- *Gummierter Synthetikpinsel*
- *Schere, Cutter*
- *Teigrolle*
- *Klarsichtfolie*

So wird es gemacht:

1. Die Modelliermasse zwischen zwei Folien ca. 3-4 mm dick ausrollen. Die Folien wieder abnehmen und die Modelliermasse auf einem Holzbrett trocknen lassen.
Sie trocknet ohne Rissbildung und ist im trockenen Zustand noch elastisch.

2. Aus der Serviette Quadrate ausschneiden. Die oberste, bedruckte Lage der Serviette abziehen.

3. Die herausgeschnittenen quadratischen Serviettenmotive mit Aqua-Mattlack auf die Modelliermasse aufziehen. Das Serviettenmotiv dazu mit einem weichen Pinsel von unten nach oben ausstreichen. Den Lack vollständig durchtrocknen lassen.

4. Die bezogene Modelliermasse auf eine Schneidematte legen und das Motiv mit einem Cutter ausschneiden. Die weißen Kanten des ausgeschnittenen Motivs mit Bastelfarbe bemalen. Die Farbe gut trocknen lassen.

Tipp: Die Modelliermasse lässt sich bis zum vollständigen Durchtrocknen in Form bringen. Die fertig modellierte und getrocknete Form kann gut mit Schmirgelpapier und einem Messer bearbeitet werden: Mit einem Messer lassen sich die unebenen Kanten begradigen und mit einem feinen Schmirgelpapier können Flächen geglättet werden, bevor die Serviettenmotive aufgebracht werden.

Servietten-Technik auf Stoff

Material:

- *Papierservietten mit gewünschtem Motiv (z. B. von Ihr)*
- *Marabu-Textil-Medium*
- *Tischsets aus Baumwolle in Cremeweiß*
- *(Phantom-)Stift zum Aufzeichnen der Serviettenmotivkonturen*
- *Gummierter Synthetikpinsel*
- *Schere*

So wird es gemacht:

1. Die Textilien müssen (falls vom Hersteller nicht anders angegeben) vorher mindestens ein Mal gewaschen sein, damit sie appretur- und weichspülerfrei sind. Glatt bügeln. Die oberste, bedruckte Lage der Serviette vorsichtig ablösen.

2. Das Serviettenmotiv mit einer kleinen Schere ausschneiden.

3. Den Stoff mit Textil-Medium an der gewünschten Stelle satt grundieren. Die Grundierung in der Größe des Serviettenmotivs mit einer Randzugabe von 1 cm auftragen. Das ausgeschnittene Serviettenmotiv direkt auf den noch feuchten Stoff legen.

4. Das Motiv ca. 1 cm über den Rand hinaus mit Textil-Medium übermalen. Den getrockneten Stoff von vorne durch ein dünnes Baumwolltuch ca. 3 Minuten bei Baumwolltemperatur bügeln.

Tipps: • Die Serviette muss vollständig auf dem Stoff kleben. Nicht zu oft über das Motiv streichen, da es im nassen Zustand schnell einreißt. Luftblasen mit dem Pinsel ausstreichen. • Abgelöste Serviettenränder können mit Marabu-Textil-Medium wieder angeklebt werden. Es hinterlässt keine sichtbaren Ränder auf dem Stoff.

• Die aufgeklebte Serviette wird durch das Fixieren mit dem Bügeleisen wieder glatt.

• Bei doppelwandigen Textilien (Tasche, Beutel u. Ä.) eine Plastikfolie zwischen die beiden Stofflagen legen, damit das Textil-Medium nicht durchschlägt. Vor dem Bügeln die Folie wieder entfernen.

• Nur schonend, von links mit Feinwaschmittel waschen; nicht wringen, heißtrocknen oder schleudern.

Servietten-Technik auf Porzellan

Material:

- *Papierservietten mit gewünschtem Motiv (z. B. von Ihr)*
- *Marabu-Porzellan-Medium*
- *Porzellan- oder Glasgegenstände*
- *(Phantom-)Stift zum Aufzeichnen der Serviettenmotivkonturen*
- *Gummierter Synthetikpinsel*
- *Schere*

So wird es gemacht:

1. Die oberste, bedruckte Schicht der Serviette vorsichtig ablösen.

2. Das gewünschte Serviettenmotiv mit einer handlichen, kleinen Bastelschere exakt herausschneiden.

3. Die Gegenstände gründlich spülen, damit sie fett- und staubfrei sind. Zusätzlich die zu beklebenden Stellen vorher mit Spiritus reinigen und anschließend nicht mehr mit den Fingern berühren.
Die ausgeschnittenen Serviettenmotive auf den Kaffeebecher legen und mit Porzellan-Medium einstreichen.

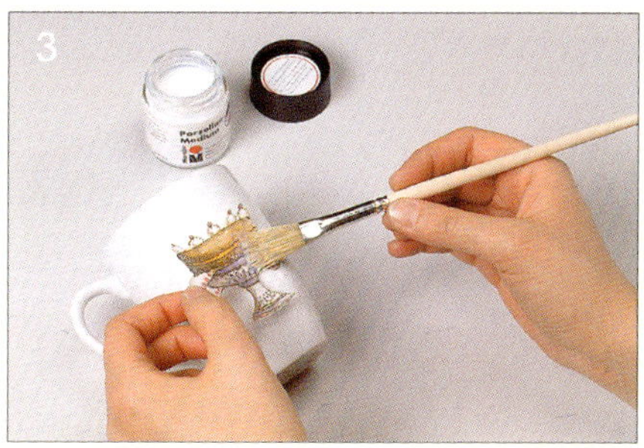

4. Darauf achten, dass das Motiv und vor allem dessen Ränder besonders sorgfältig eingestrichen werden. Mindestens 4 Stunden trocknen lassen.

5. Danach den Gegenstand in den kalten Backofen stellen und auf 170°C hochheizen. Dann das Motiv 30 Minuten bei konstant 170°C im Backofen einbrennen. Den Ofen ausschalten und den Gegenstand darin auskühlen lassen.

Tipps:
- Die Motive nur von außen aufbringen, damit die Gegenstände lebensmittelecht bleiben.
- Zum Markieren der Konturen des Motivs auf dem Gegenstand kann auch ein Phantomstift verwendet werden. Die Konturen des Motivs damit aufmalen und diese Fläche mit dem Medium bestreichen. Die Konturen des Phantomstiftes verschwinden nach einigen Minuten von selbst.
- Das Geschirr nur von Hand schonend abwaschen.

Der Antik-Effekt – Servietten-Technik & Krakelieren

Material:

- *Papierservietten mit gewünschtem Motiv (z. B. von Ihr)*
- *Marabu-Krakelee-Medium*
- *Marabu-Aqua-Mattlack*
- *Marabu-Decormatt Bastelfarbe in verschiedenen Farben*
- *Metalldose*
- *Gummierter Synthetikpinsel*
- *Schere*

So wird es gemacht:

1. Die Dose mit Bastelfarbe blau grundieren und vollständig trocknen lassen. Wenn die Farbe beim ersten Anstrich nicht vollständig deckt, den Vorgang noch einmal wiederholen.

2. Um der Dose einen antiken Charakter zu verleihen, wird sie dünn mit Krakelee-Medium eingestrichen. Den Lack – je nach Dicke des Farbauftrags – mindestens 2-5 Stunden gut trocknen lassen oder vorsichtig trocken fönen.

3. Anschließend die Dose mit weißer Bastelfarbe gleichmäßig und zügig bemalen. Der Krakelee-Effekt tritt sofort ein. Die Farbe mindestens eine Stunde trocknen lassen.

4. Die getrocknete Dose nach Wunsch mit ausgeschnittenen Serviettenmotiven bekleben oder einfach nur im antiken Charakter belassen. Eventuell die Dose danach zum Schutz ein weiteres Mal mit Aqua-Mattlack lackieren.

Tipps: • Je dicker der weiße Farbauftrag, umso größer die Risse. Für eine feine Rissbildung muss diese Farbe dünn aufgetragen werden. Durch die Streichrichtung der Farbe kann der Charakter des Krakelee-Effekts beeinflusst werden.

• Die oberste Farbschicht nur einmal auftragen, eine Übermalung der noch feuchten Farbe würde den Krakelee-Effekt zerstören.

• Der Krakelee-Effekt ist auch ohne Grundierung zu erzielen.

Wieder ablösbar – Servietten-Technik & Window-Color

Material:

- *Papierservietten mit gewünschtem Motiv (z. B. von Ihr)*
- *Marabu fun & fancy Window Color Kristallklar*
- *Klarsichthülle*
- *Lineal*
- *Schere*

So wird es gemacht:

1. Auf die Klarsichthülle eine dünne Schicht Window Color Kristallklar auftragen. Damit die erste Schicht möglichst gleichmäßig ist, diese mit einem Lineal vorsichtig abziehen. Das Lineal sofort unter fließendem Wasser reinigen.

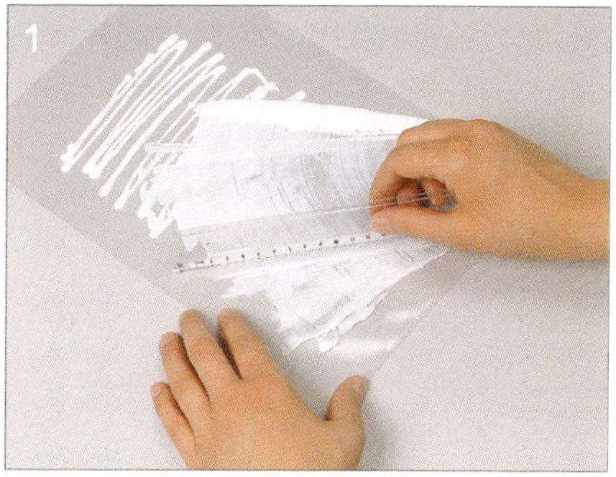

2. Das Serviettenmotiv mit einer Schere grob ausschneiden und die oberste, bedruckte Lage vorsichtig ablösen. Die hauchdünne Serviettenlage nun plan auf die noch nasse Fläche legen. Hierzu das untere Drittel der Serviette auflegen und vorsichtig mit den Fingern nach oben glatt streichen. Das feine Papier saugt sich mit Window Color Kristallklar voll. Trocknen lassen.

3. Das vollständig durchgetrocknete Bild wird mit einer weiteren Schicht Window Color Kristallklar übermalt, die ebenfalls gleichmäßig mit dem Lineal abgezogen wird (siehe Punkt 1). Das Motiv vollständig durchtrocknen lassen.

4. Das eingegossene und gut getrocknete Motiv möglichst exakt ausschneiden und vorsichtig von der Folie abziehen. Das so vorbereitete Bild durch leichtes Andrücken auf das gewünschte Objekt aufbringen.

Die Leuchtkraft der Sonnenblumen

Material:

- *Servietten Sunflowers yellow (L 48370, von Ihr)*
- *Marabu-Aqua-Seidenmattlack*
- *Marabu-Decormatt Bastelfarbe in Weiß, Zartblau und Taubenblau*
- *Windlichter aus Holz*
- *Spiritus*
- *Schwamm*
- *Haarpinsel*
- *Schere*

So wird es gemacht:

1. Das Windlicht aufschrauben und die Glasscheiben herausnehmen.

2. Die Glasscheiben mit Spiritus von Staub- und Fettrückständen befreien.

3. Auf die Glasscheiben der ersten Laterne mit einem Schwamm jeweils einen Himmel mit Bastelfarbe in Taubenblau, Zartblau und Weiß auftupfen. Damit noch genug Licht durch die Scheiben durchscheinen kann, die Farben nur ganz dünn auftupfen. Die Farbe gut trocknen lassen.

4. Die Motive aus der Serviette möglichst exakt ausschneiden und die oberste, bedruckte Lage abziehen.

5. Die Glasscheiben an den gewünschten Stellen mit Aqua-Seidenmattlack einstreichen und die Serviettenmotive auflegen.

6. Die Motive nochmals mit Aqua-Seidenmattlack einstreichen und mit einem weichen Pinsel vorsichtig glatt streichen. Dabei stets von der Motivmitte zum Rand hin lackieren. Die Motive gut trocknen lassen.

7. Die Glasscheiben nochmals mit Aqua-Seidenmattlack einstreichen und den Lack gut trocknen lassen.

8. Die Glasscheiben der zweiten Laterne ebenfalls mit den Sonnenblumenmotiven bekleben. Die Motive gut trocknen lassen.

9. Anschließend um die Blüten herum mit Bastelfarbe in Weiß ein Gittermuster aufmalen.

10. Die Scheiben in die Windlichter einsetzen und die Deckel wieder aufschrauben.

Siehe hierzu auch „Servietten-Technik Grundkurs" auf Seite 2.

Neue Vase im Country-Look

Material:

- *Servietten Sunflowers yellow (L 48370, von Ihr)*
- *Marabu fun & fancy Window Color in Kristallklar und Weiß*
- *Bodenvase aus Glas*
- *Klarsichthülle*
- *Lineal*
- *Schere*

So wird es gemacht:

1. Die Serviettenmotive mit der Schere ausschneiden und die oberste, bedruckte Lage vorsichtig ablösen.

2. Eine dünne Schicht Window Color in Weiß auf die Klarsichthülle auftragen. Damit die erste Schicht möglichst gleichmäßig ist, diese mit einem Lineal vorsichtig abziehen. Das Lineal sofort unter fließendem Wasser reinigen.

3. Die hauchdünne Serviettenlage nun plan auf die noch nasse Fläche legen. Das feine Papier saugt sich mit Window Color voll. Gut trocknen lassen.

4. Das trockene Bild mit einer Schicht Window Color Kristallklar übermalen und diese ebenfalls gleichmäßig mit dem Lineal abziehen. Alles gut trocknen lassen.

5. Nun das eingegossene Motiv möglichst exakt ausschneiden. Anschließend wird es vorsichtig von der Folie abgezogen und durch leichtes Andrücken auf die gut gereinigte Vase aufgebracht.

Siehe hierzu auch „Wieder ablösbar – Servietten-Technik & Window Color" auf Seite 7.

Tipp: Auch andere Dekorationsgegenstände lassen sich mit diesem frischen Sonnenblumenmotiv gestalten. Die eingegossenen Window-Color-Bilder hinterlassen keine Spuren und lassen sich problemlos abziehen und wiederverwenden.

Mit allen Sinnen genießen

So wird es gemacht:

1. Die Organzasäckchen gründlich von Hand ohne Weichspüler waschen, trocknen lassen und anschließend bügeln. Anweisung des Herstellers beachten.

2. Die einzelnen Motive exakt aus der Serviette ausschneiden und die oberste, bedruckte Lage vorsichtig ablösen.

3. Plastikfolie in die Säckchen einlegen, um ein Durchschlagen des Textil-Mediums zu vermeiden. Dann die entsprechenden Stellen mit Textil-Medium in der Größe der Serviettenmotive mit einer Randzugabe von 1 cm grundieren und die ausgeschnittenen Serviettenmotive auflegen.

4. Das Motiv nochmals ca. 1 cm über den Rand hinaus mit Textil-Medium übermalen. Anschließend den Stoff gut trocknen lassen. Danach die Folie entfernen.

5. Zum Fixieren den getrockneten Stoff von vorn durch ein dünnes Tuch bei niedriger Temperatur ca. 3 Minuten bügeln. Die aufgeklebte Serviette wird durch das Fixieren mit dem Bügeleisen wieder glatt.

6. Nach dieser Fixierung können die Säckchen schonend von Hand gewaschen werden.

7. Die Säckchen mit einem Duftpotpourri oder getrocknetem Lavendel füllen und nach Wunsch mit Bändern verzieren.

Siehe hierzu auch „Servietten-Technik auf Stoff" auf Seite 4.

Material:

- *Servietten Bellevue yellow (L 75660, von Ihr)*
- *Marabu-Textil-Medium*
- *Organzasäckchen in Weiß*
- *Bunte Schleifenbänder*
- *Plastikfolie*
- *Haarpinsel*
- *Potpourri*
- *Schere*

Perlen französischer Gartenkunst

Material:

- *Servietten Bellevue yellow (L 75660, von Ihr)*
- *Marabu-Aqua-Mattlack*
- *Marabu-Decormatt Bastelfarbe in Weiß und Mittelbraun*
- *Bilderrahmen aus Holz*
- *Fotokarton in Weiß*
- *Haarpinsel*
- *Schere*
- *Klebepads*

So wird es gemacht:

1. Die Holzrahmen mit Bastelfarbe in Mittelbraun grundieren und die Farbe gut trocknen lassen.

2. Anschließend die Rahmen mit Bastelfarbe in Weiß lasieren, so dass die braune Farbe noch durchscheint. Die Farbe ebenfalls gut trocknen lassen.

3. Die Serviettenmotive grob aus der Serviette ausschneiden und die oberste, bedruckte Lage vorsichtig abziehen.

4. Anschließend jedes Motiv zwei Mal mit Aqua-Mattlack auf weißen Fotokarton aufziehen und mit einem weichen Pinsel glatt streichen.

5. Nach dem Trocknen das Hintergrundmotiv in Rahmengröße zuschneiden, für den 3-D-Effekt einzelne Motive mit einer kleinen Schere möglichst exakt ausschneiden.

6. Die Motive in dem Bilderrahmen anbringen. Die separat gefertigten Baummotive auf der Rückseite mit Klebepads versehen und genau über das erste Motiv kleben.

7. Zusätzlich die Rahmen an den Seiten mit weiteren Serviettenmotiven bekleben.

Siehe hierzu auch „Servietten-Technik Grundkurs" auf Seite 2.

Quer durch den Englischen Garten

So wird es gemacht:

Material:

- *Servietten English Garden green (L 65320, von Ihr)*
- *Marabu-Aqua-Seidenmattlack*
- *Marabu-Krakelee-Medium*
- *Marabu-Textil-Medium*
- *Marabu-Decormatt Bastelfarbe in Oliv und Vanille*
- *Marabu-Fun Liner Magic in Kirschrot*
- *Holzbox mit Deckel*
- *Gartenhandschuhe aus Baumwolle in Gelb*
- *Haarpinsel*
- *Schwamm*
- *Schere*

Gartenbox

1. Die Holzbox mit Bastelfarbe in Oliv grundieren, trocknen lassen. Das Krakelee-Medium gleichmäßig auftragen, mindestens 4 Stunden trocknen lassen. Mit einem Schwamm Bastelfarbe in Vanille zügig auf die Box auftragen. Schon nach wenigen Minuten bilden sich die ersten Risse. Die Farbe mindestens eine Stunde trocknen lassen.

2. Die oberste, bedruckte Lage der Serviette ablösen. Das Serviettenmotiv auf den Deckel auflegen, mit Aqua-Seidenmattlack einstreichen und mit einem weichen Pinsel vorsichtig glatt streichen, dabei stets von der Motivmitte zum Rand hin lackieren. Gut trocknen lassen.

3. Den Rand der Box mit einzelnen Blumenmotiven bekleben. Dann die gesamte Holzbox mit Aqua-Seidenmattlack lackieren, gut trocknen lassen. Mit Fun Liner Magic den Schriftzug „Gardening" auftragen. Nach dem Trocknen die Farbe im vorgeheizten Backofen bei 150°C kurz erhitzen, bis sie matt und reliefartig aufschäumt.

Gartenhandschuhe

1. Die Handschuhe waschen, trocknen lassen und glatt bügeln. Die Serviettenmotive möglichst exakt aus der Serviette ausschneiden. Die oberste, bedruckte Lage abziehen.

2. Den Handschuh an der gewünschten Stelle mit Textil-Medium satt grundieren. Die Grundierung mit einer Randzugabe von 1 cm um das Motiv auftragen, dieses direkt auf den feuchten Stoff legen und mit einem weichen Pinsel etwas andrücken. Das Motiv nochmals ca. 1 cm über den Rand hinaus mit Textil-Medium übermalen.

3. Zum Fixieren den getrockneten Stoff von vorn durch ein dünnes Tuch bei Baumwolltemperatur ca. 3 Minuten bügeln.

4. Mit Fun Liner Magic den Schriftzug „Garden" auftragen und wie unter Punkt 3 der Gartenbox weiter verfahren.

Siehe hierzu auch „Der Antik-Effekt – Servietten-Technik & Krakelieren" auf Seite 6 und „Servietten-Technik auf Stoff" auf Seite 4.

gardening
garden

Im Süden zuhause

Material:

- *Servietten Hydrangea in Basket cream (L 87560, von Ihr)*
- *Marabu-Aqua-Mattlack*
- *Marabu-Decormatt Bastelfarbe in Weiß*
- *Balkonkasten aus Terrakotta*
- *Haarpinsel*
- *Bleistift*
- *Schere*

So wird es gemacht:

1. Aus der Serviette ein Blumenmotiv exakt ausschneiden und die oberste, bedruckte Lage vorsichtig ablösen.

2. Decormatt Bastelfarbe in Weiß als Grundierung an der entsprechenden Stelle des Balkonkastens in der Größe des Serviettenausschnittes auftragen und trocknen lassen. Hierfür das Serviettenmotiv auflegen und die Kontur vorsichtig mit Bleistift nachzeichnen.

3. Auf den weiß grundierten Blumenkasten nun Aqua-Mattlack punktuell auftragen, um das Motiv an der gewünschten Stelle zu fixieren.

4. Das Motiv auf den leicht angetrockneten, aber noch feuchten Lack legen und mit dem Pinsel vorsichtig andrücken.

5. Jetzt das ganze Motiv nochmals mit Aqua-Mattlack lackieren. Dabei stets von der Motivmitte zum Rand hin streichen. Trocknen lassen.

6. Den Kasten mit Folie auslegen und mit bunten Blumen bepflanzen.

Siehe hierzu auch „Servietten-Technik Grundkurs" auf Seite 2.

Zartes Pastell für Tisch und Tafel

Material:

- *Servietten Hydrangea in Basket cream (L 87560, von Ihr)*
- *Marabu-Textil-Medium*
- *Tischsets aus Baumwolle in Weiß*
- *Plastikfolie*
- *Haarpinsel*
- *Schere*

So wird es gemacht:

1. Die Tischsets gründlich von Hand ohne Weichspüler waschen, trocknen lassen und anschließend bügeln. Anweisung des Herstellers beachten.

2. Die einzelnen Blütenmotive exakt aus der Serviette ausschneiden und die oberste, bedruckte Lage vorsichtig ablösen.

3. Die Tischsets auf Folie auslegen, an den gewünschten Stellen mit Textil-Medium in der Größe des Serviettenmotivs mit einer Randzugabe von 1 cm satt grundieren. Die Motive direkt auf den feuchten Stoff legen und mit dem Pinsel vorsichtig andrücken.

4. Die Motive nochmals ca. 1 cm über den Rand hinaus mit Textil-Medium übermalen. Anschließend den Stoff gut trocknen lassen.

5. Zum Fixieren den getrockneten Stoff von vorn durch ein dünnes Tuch bei Baumwolltemperatur ca. 3 Minuten bügeln. Die aufgeklebte Serviette wird durch das Fixieren mit dem Bügeleisen wieder glatt.

Siehe hierzu auch „Servietten-Technik auf Stoff" auf Seite 4.

Tipp: Die Sets nur mit der Hand und mit Feinwaschmittel waschen. Nicht schleudern oder wringen. Abgelöste Servietten-Ränder können mit Marabu-Textil-Medium wieder angeklebt werden. Die Gebrauchsanweisung des Herstellers beachten.

Fruchtiger Etikettenschwindel

Material:

- *Servietten Fruits and Berries apricot (L 76557, von Ihr)*
- *Marabu-Porzellan-Medium*
- *Marabu-Aqua-Seidenmattlack*
- *Marmeladengläser*
- *Fotokarton in Weiß*
- *Zierwellenschere*
- *Geschenkband oder Kordel*
- *Haarpinsel*
- *Spiritus*
- *Klebepads*
- *Schere*
- *Cutter*

So wird es gemacht:

Marmeladengläser

1. Die Gläser spülen und mit Spiritus reinigen, damit sie staub- und fettfrei sind.

2. Die ausgewählten Motive exakt aus der Serviette ausschneiden und die oberste, bedruckte Lage vorsichtig ablösen.

3. Die ausgeschnittenen Serviettenmotive auf das Glas legen und mit Porzellan-Medium gründlich lackieren. Die Ränder müssen besonders sorgfältig eingestrichen werden.

4. Die Marmeladentöpfe mindestens 4 Stunden trocknen lassen. Die getrockneten Gegenstände in den kalten Backofen stellen und auf 170°C hochheizen. Dann die Motive 30 Minuten bei konstanter Temperatur einbrennen. Anschließend die Gläser im Ofen auskühlen lassen.

Tipp: Geschirr nur von Hand schonend abwaschen. Nicht für den täglichen Gebrauch geeignet.

Anhänger

1. Die Serviettenmotive ausschneiden und die oberste, bedruckte Lage vorsichtig ablösen.

2. Den Fotokarton mit Aqua-Seidenmattlack einstreichen. Die Serviettenmotive auf den leicht angetrockneten, aber noch feuchten Lack legen und vorsichtig glatt streichen. Trocknen lassen. Die Motive danach exakt ausschneiden.

3. Aus dem weißen Fotokarton ein ca. 8 x 3 cm großes Schild mit der Zierwellenschere ausschneiden. Die vorbereiteten Obstmotive mit Klebepads auf dem Schild festkleben. Dann ein einzelnes Obstmotiv ebenfalls mit Klebepads exakt über das erste Motiv kleben.

4. Mit einem Geschenkband das Schild an einer Flasche oder einem Glas befestigen.

Siehe hierzu auch „Servietten-Technik auf Porzellan" auf Seite 5 und „Servietten-Technik Grundkurs" auf Seite 2.

Unter die Haube gebracht

Material:

- *Servietten Fruits and Berries apricot (L 76557, von Ihr)*
- *Marabu-Textil-Medium*
- *Baumwollstoff in Weiß (Reststück)*
- *Nähgarn und Nadel*
- *Perlen*
- *Zackenschere*
- *Haarpinsel*
- *Schere*

So wird es gemacht:

1. Den Stoff gründlich von Hand ohne Weichspüler waschen, trocknen lassen und anschließend bügeln. Anweisung des Herstellers beachten.

2. Aus dem Stoff ca. 14 x 14 cm große Stücke mit der Zackenschere ausschneiden.

3. Die einzelnen Obstmotive exakt aus der Serviette ausschneiden und die oberste, bedruckte Lage vorsichtig abziehen.

4. Die Stoffstücke an den entsprechenden Stellen mit Textil-Medium in der Größe des Serviettenmotivs mit einer Randzugabe von 1 cm grundieren und die ausgeschnittenen Serviettenmotive auflegen. Die Motive nochmals ca. 1 cm über den Rand hinaus mit Textil-Medium übermalen. Anschließend den Stoff gut trocknen lassen.

5. Zum Fixieren den getrockneten Stoff von vorn durch ein dünnes Tuch bei Baumwolltemperatur ca. 3 Minuten bügeln. Die aufgeklebte Serviette wird durch das Fixieren mit dem Bügeleisen wieder glatt.

6. Die Ecken oder Kanten mit bunten Perlen oder Bändern verzieren.

Siehe hierzu auch „Servietten-Technik auf Stoff" auf Seite 4.

Tipp: Die Stoffe nur von Hand und mit Feinwaschmittel waschen. Abgelöste Servietten-Ränder können mit Marabu-Textil-Medium wieder angeklebt werden. Die Gebrauchsanweisung des Herstellers beachten.

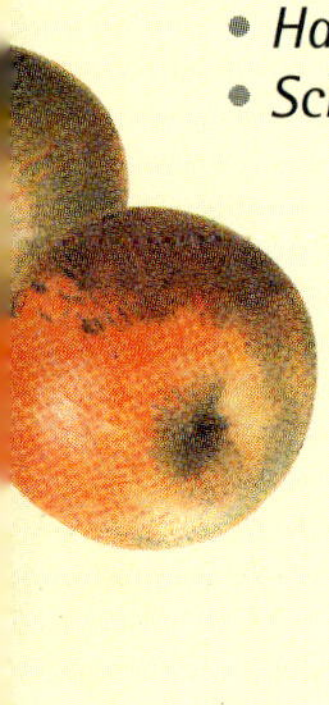

Herbstzeit – Erntezeit

Material:

- *Servietten Autumn Stillife green (L 76720, von Ihr)*
- *Marabu-Aqua-Mattlack*
- *Sammelkorb*
- *Haarpinsel*
- *Schere*

So wird es gemacht:

1. Die Kürbismotive mit einer kleinen Schere möglichst exakt aus der Serviette ausschneiden und die oberste, bedruckte Lage vorsichtig ablösen.

2. Anschließend den Korb an den gewünschten Stellen mit Aqua-Mattlack einstreichen, die Kürbismotive auflegen. Mit einem weichen Pinsel die Serviettenmotive vorsichtig glatt streichen.

3. Jedes Motiv nochmals mit Aqua-Mattlack übermalen. Dabei immer von der Motivmitte zum Rand hin streichen. Die Ränder möglichst nicht übermalen.

4. Die Motive passen sich der Korbstruktur an. Danach nicht mehr zu oft über die Motive streichen, da die Serviette im nassen Zustand schnell einreißt.

5. Die aufgezogenen Motive gut trocknen lassen.

Siehe hierzu auch „Servietten-Technik Grundkurs" auf Seite 2.

Tipp: Durch die strukturierte Oberfläche des Korbes kann sich das Motiv beim Auflegen verschieben. Im nassen Zustand kann das Motiv noch korrigiert oder wieder abgelöst werden. Damit der Korb lebensmittelecht bleibt, bitte nicht von innen bemalen oder bekleben.

An die Wand gespielt

Material:

- *Servietten Taste of Wine cream (L 57160, von Ihr)*
- *Marabu-Aqua-Mattlack*
- *Marabu-Krakelee-Medium*
- *Marabu-Decormatt Bastelfarbe in Beige und Mittelbraun*
- *Modelliermasse Keramiplast light (von Lyra)*
- *Wandlicht aus Ton*
- *Kuchenrolle*
- *Klarsichtfolie*
- *Haarpinsel*
- *Heißkleber*
- *Schwamm*
- *Schere*
- *Cutter*

So wird es gemacht:

1. Das Wandlicht mit Bastelfarbe in Mittelbraun grundieren und die Farbe gut trocknen lassen.

2. Anschließend das Wandlicht mit Krakelee-Medium bestreichen und den Lack gut trocknen lassen oder trocken fönen.

3. Mit einem Schwamm die Bastelfarbe in Beige zügig auf das Wandlicht auftragen. Schon nach wenigen Minuten bilden sich die ersten Risse. Die Farbe mindestens eine Stunde trocknen lassen. Je dicker die Farbe aufgetragen wird, umso größer werden die Risse. Die oberste Farbschicht nur einmal auftragen, eine Übermalung würde den Krakelee-Effekt zerstören.

4. Die Modelliermasse zwischen zwei Klarsichtfolien ca. 3-4 mm dick ausrollen. Die Folien wieder abziehen und die Modelliermasse auf einem Holzbrett gut trocknen lassen.

5. Die oberste, bedruckte Lage der Serviette abziehen und mit Aqua-Mattlack auf die Modelliermasse aufziehen. Die Serviette mit einem weichen Pinsel glatt streichen und gut trocknen lassen.

6. Nach dem Trocknen die Früchtemotive mit einem Cutter möglichst exakt ausschneiden. Die Kanten mit heller Bastelfarbe bemalen und trocknen lassen.

7. Zum Schluss die Rückseite der Motive mit Heißkleber einstreichen und diese auf das vorbereitete Wandlicht kleben.

Siehe hierzu auch „Der Antik-Effekt – Servietten-Technik & Krakelieren" auf Seite 6 und „Servietten-Technik & lufttrocknende Modelliermasse" auf Seite 3.

Tipp: Die Modelliermasse lässt sich bei 3-4 mm Stärke – auch im getrockneten Zustand – noch biegen.

Côte d'Or
CAFE-TASSE
Bruxelles - Brussel
Cacao
Bourbon
VANILLE
ZUCKER

Dekorative Dosen fürs Küchenbord

So wird es gemacht:

1. Das Krakelee-Medium gleichmäßig auf die Mitte der Vorratsdose streichen und trocknen lassen. Eventuell trocken fönen.

2. Die Bastelfarbe in Milchkaffee mit einem Schwamm zügig auftupfen. Die Farbe nicht verwischen und etwas dicker auftupfen, um eine gleichmäßige Rissbildung zu erzielen. Der Krakelee-Effekt entsteht nach wenigen Minuten. Die Dose mindestens 1 Stunde trocknen lassen. Falls manche Risse zu groß geworden sind, können Sie diese nochmals mit Krakelee-Medium und der entsprechenden Bastelfarbe einstreichen, um so zu feineren Rissen zu gelangen.

3. Das Weinmotiv aus der Serviette ausschneiden und die oberste, bedruckte Lage vorsichtig ablösen.

4. Die Dose auf der krakelierten Stelle punktuell mit Aqua-Seidenmattlack lackieren, um das Motiv zu fixieren.

5. Das Serviettenmotiv auf den leicht angetrockneten, aber noch feuchten Lack legen und vorsichtig mit dem Pinsel andrücken.

6. Das ganze Motiv mit Aqua-Seidenmattlack überstreichen, dabei möglichst nicht über den Motivrand hinaus streichen. Alles gut trocknen lassen.

Siehe hierzu auch „Der Antik-Effekt – Servietten-Technik & Krakelieren" auf Seite 6.

Material:

- *Servietten Taste of Wine cream (L 57160, von Ihr)*
- *Marabua-Aqua-Seidenmattlack*
- *Marabu-Krakelee-Medium*
- *Marabu-Decormatt Bastelfarbe in Milchkaffee*
- *Vorratsdosen*
- *Schwamm*
- *Haarpinsel*
- *Schere*

Hakenleiste mit nostalgischem Charme

Material:

- *Servietten Country Still Life blue (L 82840, von Ihr)*
- *Marabu-Aqua-Mattlack*
- *Marabu-Decormatt Bastelfarbe in Weiß, Zartblau, Mittelblau, Bayrischblau und Taubenblau*
- *Modelliermasse Keramiplast light (von Lyra)*
- *Tafel mit Holzrahmen*
- *Kuchenrolle*
- *Klarsichtfolie*
- *Schraubhaken*
- *Bildaufhänger*
- *Haarpinsel*
- *Schwamm*
- *Schere, Cutter*
- *Heißkleber*

So wird es gemacht:

1. Die Tafel mit Farbe grundieren. Hierfür etwas Bastelfarbe in Weiß, Zartblau und Taubenblau mit dem Schwamm locker auftupfen. Die Farbe gut trocknen lassen.

2. Aus den angegebenen Farben einen Blauton passend zur Serviette anmischen und die Holzleisten der Tafel damit bemalen, gut trocknen lassen.

3. Das Serviettenmotiv mit einer kleinen Schere möglichst exakt ausschneiden und die oberste, bedruckte Lage vorsichtig ablösen.

4. Die grundierte Fläche punktuell mit Aqua-Mattlack einstreichen, um das Motiv zu fixieren. Das Motiv auf den noch feuchten Lack legen und vorsichtig überstreichen. Jetzt das ganze Motiv nochmals mit Aqua-Mattlack lackieren. Dabei stets von der Motivmitte zum Rand hin streichen. Gut trocknen lassen.

5. Die Modelliermasse weich kneten und zwischen zwei Lagen Klarsichtfolie ca. 5 mm dick ausrollen. Die Folien abziehen und die Modelliermasse gut trocknen lassen.

6. Das Küchenmotiv aus der Serviette ausschneiden und die oberste, bedruckte Lage vorsichtig ablösen. Das ausgeschnittene Motiv auf die vorbereitete Modelliermasse legen, mit Aqua-Mattlack einstreichen und vorsichtig mit dem Pinsel glatt streichen. Alles gut trocknen lassen.

7. Mit dem Cutter das Motiv vorsichtig und möglichst exakt herausschneiden und leicht versetzt über das erste Motiv kleben.

8. Mit etwas Modelliermasse einige Bildteile (z. B. die Äpfel) plastisch nachmodellieren, mit den entsprechenden Motivausschnitten beziehen und direkt auf das Bild setzen. Gut trocknen lassen.

9. Zum Schluss die Haken vorsichtig einschrauben und die Bildaufhänger an der Rückseite befestigen.

Siehe hierzu auch „Servietten-Technik & lufttrocknende Modelliermasse" auf Seite 3.

Salz
Dill
Milch

Tafel für die Landhausküche

Material:

- *Servietten Country Still life blue (L 82840, von Ihr)*
- *Marabu-Aqua-Mattlack*
- *Marabu-Decormatt Bastelfarbe in Weiß, Zartblau, Taubenblau*
- *Tafel mit Holzrahmen*
- *Verschiedene Deko-Teile aus Holz*
- *Fotokarton in Weiß*
- *Schleifenband*
- *Klebepads*
- *Pinsel*
- *Schere*

So wird es gemacht:

1. Aus den angegebenen Farben einen Blauton passend zur Serviette anmischen und die Holzleisten der Tafel damit bemalen. Die Farbe gut trocknen lassen.

2. Das Serviettenmotiv grob ausschneiden und die oberste, bedruckte Lage vorsichtig ablösen.

3. Den Fotokarton punktuell mit Aqua-Mattlack einstreichen, um das Motiv zu fixieren. Das Motiv auf den noch feuchten Lack legen und vorsichtig überstreichen.

4. Jetzt das ganze Motiv nochmals mit Aqua-Mattlack lackieren. Dabei stets von der Motivmitte zum Rand hin streichen. Das Serviettenmotiv zweimal auf Fotokarton aufziehen.

5. Wenn alles gut getrocknet ist, das Motiv möglichst exakt ausschneiden. Die Motiv-Rückseiten mit Klebepads versehen. Dabei die Pads an den Rändern fortlaufend verkleben, so dass keine allzu großen Lücken entstehen.

6. Anschließend die Motive auf den oberen und den unteren Rand der Tafel kleben.

7. Die Tafel mit kleinen Dekoteilen aus Holz zusätzlich verzieren und mit Schleifenband an der Tür befestigen.

Siehe hierzu auch „Servietten-Technik Grundkurs" auf Seite 2.

Lustige Ferkelei

Material:

- *Servietten Prize Pig green (L 80720, von Ihr)*
- *Marabu-Aqua-Seidenmattlack*
- *Marabu-Fun Liner Magic in Schwarz*
- *Modelliermasse Keramiplast light (von Lyra)*
- *Drahtstecker, ca. 30 cm lang*
- *Tontöpfe, Ø 7 cm*
- *Frischhaltefolie*
- *Dekosand*
- *Kuchenrolle*
- *Bleistift*
- *Messer*
- *Haarpinsel*
- *Schere*

So wird es gemacht:

1. Die Modelliermasse weich kneten und zwischen zwei Lagen Frischhaltefolie ca. 0,5 cm dick ausrollen. Die Frischhaltefolie vorsichtig abziehen und die ausgerollte Masse ca. 24 Stunden an der Luft trocknen lassen.

2. Die ausgewählten Tiermotive aus der Serviette ausschneiden und die oberste, bedruckte Lage vorsichtig ablösen.

3. Die ausgeschnittenen Serviettenmotive auf die vorbereitete Modelliermasse legen und mit dem Bleistift die Umrisse vorsichtig nachzeichnen. Mit dem Messer die vorgezeichneten Formen etwas kleiner ausschneiden.

4. Die ausgeschnittenen Formen mit Aqua-Seidenmattlack einpinseln, um die Motive zu fixieren. Die Serviettenmotive auf den leicht angetrockneten, aber noch feuchten Lack legen, vorsichtig andrücken und auch die Ränder gut mit dem Motiv bedecken. Noch einmal überpinseln und alles gut trocknen lassen.

5. Die so vorbereiteten Stecker mit Fun Liner Magic in Schwarz verzieren. Die Farbe mindestens 6 Stunden trocknen lassen. Zum Aufschäumen der Plusterfarbe die Stecker bei 150°C im vorgeheizten Backofen ca. 3 Minuten erhitzen, bis die Farbe matt und reliefartig aufschäumt.

6. Die Drahtstecker vorsichtig in die fertigen Motive schieben. Falls nötig, kann der Stecker mit einer Zange gekürzt werden.

7. Töpfe mit Dekosand füllen und die Tierstecker hineinstellen.

Siehe hierzu auch „Servietten-Technik & lufttrocknende Modelliermasse" auf Seite 3.

In Schale geworfen

Material:

- *Servietten Stolzer Hahn grün (L 56920, von Ihr)*
- *Marabu-Aqua-Mattlack*
- *Marabu-Krakelee-Medium*
- *Marabu-Decormatt Bastelfarbe in Antikgrün und Vanille*
- *Schale aus Holz, ø 30 cm*
- *Schwamm*
- *Haarpinsel*
- *Schere*

So wird es gemacht:

1. Die Schale mit Bastelfarbe in Antikgrün grundieren und trocknen lassen oder trocken fönen.

2. Anschließend das Krakelee-Medium gleichmäßig auftragen und nochmals trocken fönen.

3. Mit einem Schwamm die Bastelfarbe in Vanille zügig auf die Holzschale auftragen. Nach wenigen Minuten bilden sich die ersten Risse. Die Farbe mindestens eine Stunde trocknen lassen. Je dicker die Farbe aufgetragen wird, umso größer werden die Risse. Die oberste Farbschicht nur einmal auftragen, eine Übermalung würde den Krakelee-Effekt zerstören.

4. Mit einer Schere die Motive möglichst exakt aus der Serviette ausschneiden und die oberste, bedruckte Lage ablösen.

5. Anschließend die Schale an den gewünschten Stellen mit Aqua-Mattlack einstreichen und die Tiermotive auflegen. Die Motive nochmals mit Aqua-Mattlack übermalen und mit einem breiten Pinsel glatt streichen. Nicht zu oft über die frisch aufgelegten Motive streichen, da sie im nassen Zustand leicht reißen können. Die Motive gut trocknen lassen.

6. Zum Schluss die Schale nochmals mit Aqua-Mattlack lackieren und gut trocknen lassen.

Siehe hierzu auch „Der Antik-Effekt – Servietten-Technik & Krakelieren" auf Seite 6.

Tipp: Damit die Schale lebensmittelecht bleibt, bitte nicht von innen bemalen oder bekleben.
Die Schale nur mit einem feuchten Tuch reinigen.

Alles im Griff

Material:

- *Servietten Stolzer Hahn grün (L 56920, von Ihr)*
- *Marabu-Textil-Medium*
- *Marabu-Fun Liner Magic in Orange und Mittelgelb*
- *Utensilo aus Baumwolle*
- *Plastikfolie*
- *Haarpinsel*
- *Schere*

So wird es gemacht:

1. Das Utensilo gründlich von Hand ohne Weichspüler waschen, trocknen lassen und anschließend bügeln. Anweisung des Herstellers beachten.

2. Die unterschiedlichen Motive exakt ausschneiden und die oberste, bedruckte Lage vorsichtig ablösen.

3. Plastikfolie in die Taschen des Utensilos einlegen, die gewünschten Stellen mit Textil-Medium in der Größe der Serviettenmotive mit einer Randzugabe von 1 cm grundieren und die ausgeschnittenen Serviettenmotive auflegen. Die Motive nochmals ca. 1 cm über den Rand hinaus mit Textil-Medium übermalen. Anschließend den Stoff gut trocknen lassen. Die Folie entfernen.

4. Zum Fixieren den getrockneten Stoff von vorn durch ein dünnes Tuch bei Baumwolltemperatur ca. 3 Minuten bügeln. Die aufgeklebte Serviette wird durch das Fixieren mit dem Bügeleisen wieder glatt.

5. Mit Fun Liner Magic in Orange und Mittelgelb kleine Streublümchen auf das Utensilo malen und mindestens 6 Stunden trocknen lassen.

6. Das fertig gestaltete Utensilo von hinten 10-60 Sekunden bei Baumwolltemperatur bügeln. Auf eine weiche Unterlage achten, damit die Farbe gut aufplustern kann. Danach ist vorsichtige Handwäsche möglich.

Siehe hierzu auch „Servietten-Technik auf Stoff" auf Seite 4.

Großer Waschtag

Material:

- *Servietten Poppy cream (L 84660, von Ihr)*
- *Marabu-Aqua-Mattlack*
- *Marabu-Aqua-Klarlack*
- *Marabu-Krakelee-Medium*
- *Marabu-Decormatt Bastelfarbe in Antikgrün und Vanille*
- *Wäschekorb*
- *Metalldose*
- *Haarpinsel*
- *Schere*

So wird es gemacht:

Wäschekorb

1. Die Blütenmotive mit einer kleinen Schere möglichst exakt aus der Serviette ausschneiden und die oberste, bedruckte Lage abziehen.

2. Den Korb an den gewünschten Stellen mit Aqua-Mattlack einstreichen und die Blütenmotive auflegen. Mit einem weichen Pinsel die Serviettenmotive vorsichtig glatt streichen.

3. Jedes Blütenmotiv nochmals mit Aqua-Mattlack übermalen. Immer von der Motivmitte zum Rand hin streichen, dabei die Ränder möglichst nicht übermalen. Die Motive passen sich der Korbstruktur an. Danach nicht mehr zu oft über die Motive streichen, da die Serviette im nassen Zustand schnell einreißt.

4. Die aufgezogenen Motive gut trocknen lassen.

Tipp: Durch die strukturierte Oberfläche des Korbes kann sich das Motiv beim Auflegen verschieben. Im nassen Zustand kann das Motiv noch korrigiert oder wieder abgelöst werden.

Dose

1. Die Dose mit grüner Bastelfarbe grundieren und gut trocknen lassen. Anschließend das Krakelee-Medium gleichmäßig auf Dose und Deckel streichen und mindestens 4 Stunden trocknen lassen oder trocken fönen.

2. Die Dose mit Bastelfarbe in Vanille zügig streichen. Die Farbe nur in einer Pinselrichtung auftragen, um eine gleichmäßige Rissbildung zu erzielen. Der Krakelee-Effekt entsteht nach wenigen Minuten. Die Dose mindestens 1 Stunde trocknen lassen.

3. Die Blütenmotive grob aus der Serviette ausschneiden und die oberste, bedruckte Lage vorsichtig ablösen. Die Motive auf die Dose auflegen, mit Aqua-Klarlack einstreichen und mit einem weichen Pinsel glatt streichen. Die Motive gut trocknen lassen. Danach die Dose nochmals ganz mit Aqua-Klarlack lackieren und ebenfalls gut trocknen lassen.

Siehe hierzu auch „Servietten-Technik Grundkurs" auf Seite 2.

Verspielte Romantik

Material:

- *Servietten Poppy cream (L 84660, von Ihr)*
- *Marabu-Aqua-Mattlack*
- *Marabu-Decormatt Bastelfarbe in Vanille*
- *Lampenschirm in Weiß*
- *Haarpinsel*
- *Schere*

So wird es gemacht:

1. Die Blütenmotive mit einer kleinen Schere möglichst exakt aus der Serviette ausschneiden und die oberste, bedruckte Lage vorsichtig abziehen.

2. Den Lampenschirm ganzflächig mit Bastelfarbe in Vanille grundieren. Die Farbe gut trocknen lassen.

3. Anschließend den Lampenschirm an den gewünschten Stellen mit Aqua-Mattlack einstreichen und die Blütenmotive auflegen. Mit einem weichen Pinsel die Serviettenmotive vorsichtig glatt streichen.

4. Jedes Blütenmotiv nochmals mit Aqua-Mattlack übermalen. Dabei immer von der Motivmitte zum Rand hin streichen. Danach nicht mehr zu oft über die Motive streichen, da die Serviette im nassen Zustand schnell einreißt.

5. Die Motive auf dem Lampenschirm gut trocknen lassen.

6. Zum Schluss den Lampenschirm nochmals mit Aqua-Mattlack lackieren und ebenfalls gut trocknen lassen.

Siehe hierzu auch „Servietten-Technik Grundkurs“ auf Seite 2.

Beaujolais Primeur
Cuvée de
La Saint Martin
2000
MIS EN BOUTEILLE PAR

Rosen – eine schöner als die andere

Material:

- *Servietten Octavia rosé (L 85750, von Ihr)*
- *Marabu-Aqua-Mattlack*
- *Marabu-Krakelee-Medium*
- *Marabu-Decormatt Bastelfarbe in Weiß und Metallic-Silber*
- *Tablett, ø 40 cm*
- *Schwamm*
- *Haarpinsel*
- *Schere*

So wird es gemacht:

1. Das Tablett mit Bastelfarbe in Weiß grundieren und trocknen lassen oder trocken fönen. Anschließend mit Bastelfarbe in Silber grundieren und ebenfalls trocken fönen.

2. Auf das Tablett Krakelee-Medium gleichmäßig auftragen und wiederum vorsichtig trocken fönen.

3. Mit einem Schwamm Bastelfarbe in Weiß zügig auf das Tablett auftragen. Schon nach wenigen Minuten bilden sich die ersten Risse. Die Farbe mindestens eine Stunde trocknen lassen. Je dicker die Farbe aufgetragen wird, umso größer werden die Risse. Die oberste Farbschicht nur einmal auftragen, eine Übermalung würde den Krakelee-Effekt zerstören.

4. Mit einer Schere die Rosenmotive möglichst exakt aus der Serviette ausschneiden und die oberste, bedruckte Lage ablösen.

5. Anschließend das Tablett an den gewünschten Stellen mit Aqua-Mattlack einstreichen und die Rosenmotive auflegen. Die Motive nochmals mit Aqua-Mattlack lackieren und mit einem breiten Pinsel glatt streichen. Nicht zu oft über das frisch aufgelegte Motiv streichen, da es sonst reißen kann. Die Motive gut trocknen lassen.

6. Zum Schluss das Tablett nochmals mit Aqua-Mattlack lackieren und gut trocknen lassen.

Siehe hierzu auch „Der Antik-Effekt – Servietten-Technik & Krakelieren" auf Seite 6.